I0811619

Les jeunes étoiles

Les jeunes étoiles DU BICROSS

COLLECTION CRABTREE « LES JEUNES PLANTES »

Taylor Farley

Crabtree Publishing
crabtreebooks.com

Regarde ma bicyclette!

POWSEY
POWSEY

C'est un **bicross** mieux connu sous le nom de BMX.

ROLLERBLADE

NEW ATHLETIC
SINCE 2005
New Athletic

Les gens utilisent les bicross pour faire des **cascades**.

Cette cascade est appelée un **cabré**.

Cette cascade est appelée une **chandelle**.

Les grands utilisent les repose-pieds pour faire de la **glisse**.

repose-pieds

casque

Je porte un casque.

Je pratique au planchodrome.

J'aime utiliser les rampes.

rampe

Un jour, je voudrais participer aux **Jeux eXtrêmes** aussi appelés X-Games.

GAMES

Glossaire

bicross (bi-cros) : Un bicross est la contraction de bicyclette de motocross. Le bicross est un vélo de sport tout-terrain utilisé pour les courses et les cascades.

cabré (ca-bré) : Un cabré est une figure qui consiste à rouler sur la roue arrière.

cascades (cas-cad) : Les cascades sont des mouvements ingénieux qui nécessitent de l'entraînement et de l'habileté.

chandelle (shan-del) : La chandelle est une cascade où le cycliste utilise son frein avant pour balancer sa bicyclette sur la roue avant seulement.

glisse (glis) : Les glisses se font en utilisant les repose-pieds pour glisser sur des rampes de métal ou des bordures de ciment.

Jeux eXtrêmes (jeu x-trèm) : Les Jeux eXtrêmes ou X-Games sont des événements de sports extrêmes qui ont lieu une fois par année et qui sont diffusés à la télévision.

Index

cabré 9
cascade(s) 7, 9, 10
chandelle 10
glisse 12
planchodrome 17
repose-pieds 12

Soutien de l'école à la maison pour les gardien(ne)s et les enseignant(e)s.

Ce livre aide les enfants à se développer grâce à la pratique de la lecture. Voici quelques exemples de questions pour aider le(a) lecteur(-trice) à développer ses capacités de compréhension. Des suggestions de réponses sont indiquées.

Avant la lecture

- **Quel est le sujet de ce livre?** Je pense que ce livre parle des cascades à bicyclette, comme sur la photo de la couverture.
- **Qu'est-ce que je veux savoir sur ce sujet?** Je veux savoir quelles sont les cascades que peut faire un cycliste avec son bicross.

Durant la lecture

- **Je me demande pourquoi...** Je me demande pourquoi les bicross ont de petites roues et de grands guidons.
- **Qu'est-ce que j'ai appris jusqu'à présent?** J'ai appris que les cascades de bicross sont, entre autres, le cabré, la chandelle et la glisse. Parfois on a l'impression que le cycliste avec son vélo vole dans les airs.

Après la lecture

- **Nomme quelques détails que tu as retenus.** J'ai appris que les cyclistes de bicross pratiquent au planchodrome. Ils font des cascades sur les rampes.
- **Écris les mots peu familiers et pose des questions pour mieux comprendre leur signification.** Je vois le mot *cabré* à la page 9 et le mot *Jeux eXtrêmes* à la page 20. Les autres mots de vocabulaire se trouvent aux pages 22 et 23

Crabtree Publishing

crabtreebooks.com 800-387-7650

Version imprimée du livre produite conjointement avec Blue Door Education en 2021.

Contenu produit et publié par Blue Door Publishing LLC dba Blue Door Education, Melbourne Beach Floride É.-U. Copyright Blue Door Publishing LLC. Tous droits réservés. Aucune partie de ce livre ne peut être reproduite ou utilisée sous quelque forme ou par quelque moyen que ce soit, électronique ou mécanique y compris la photocopie, l'enregistrement ou par tout système de stockage et de recherche d'informations sans l'autorisation écrite de l'éditeur.

Auteur : Taylor Farley
Traduction : Claire Savard

Hardcover 978-1-4271-5022-6
Paperback 978-1-4271-3664-0
Ebook (pdf) 978-1-4271-3732-6
Epub 978-1-4271-5004-2
Read-along 978-1-0398-0396-1
Audio book 978-1-4271-4986-2

Imprimé au Canada/032024/CP20240229

Publié au Canada par Crabtree Publishing
616 Welland Avenue
St. Catharines, Ontario
L2M 5V6

Publié aux États-Unis par Crabtree Publishing
347 Fifth Avenue
Suite 1402-145
New York, NY 10016

Crédits photos Couverture et p. 8, 11, et 14 © Marcel Jancovic; p. 3 et 5 © Yury and Tanya, p. 6 © Christian Bertrand, p. 13 © homydesign; p. 16 et 17 © Nitikorn Poonsiri; p. 20 jeune fille © Purino, p. 21 photo X-Games © Haslam Photography, bannière X-Games © RoidRanger; Toutes les photos sont de Shutterstock.com sauf couverture du verso et p. 19 © Anatoliy Karlyuk | Dreamstime.com

Catalogage avant publication de Bibliothèque et Archives Canada
Titre: Les jeunes étoiles du bicross / Taylor Farley.
Autres titres: Little stars BMX bikes. Français. | Du bicross
Noms: Farley, Taylor, auteur.
Description: Mention de collection: Les jeunes étoiles | Collection Crabtree "Les jeunes plantes" | Traduction de : Little stars BMX bikes. | Traduction : Claire Savard. | Comprend un index.
Identifiants: Canadiana (livre imprimé) 20210156880 | Canadiana (livre numérique) 20210156899 | ISBN 9781427136640 (couverture souple) | ISBN 9781427137326 (HTML) | ISBN 9781427150042 (EPUB)
Vedettes-matière: RVM: Bicross (Sport)—Ouvrages pour la jeunesse. | RVM: Bicross—Ouvrages pour la jeunesse.
Classification: LCC GV1049.3 .F3714 2021 | CDD j796.6/22—dc23